Published By Nicholas Thompson

@ Febe Camacho

El Poder De La Dieta Alcalina: Equilibrio Para Una Vida

Saludable (Clave Para La Dieta Alcalina)

ISBN 978-87-94477-21-5

TABLE OF CONTENTS

Ensalada De Falafel, Rábano Y Pepino En Aderezo De Hummus

Ingredientes:

- 1 pepino, cortado en tiras gruesas

- 1 taza de hojas de menta fresca

- 1/4 cucharadita de chile en polvo suave

- 1 1/3 de taza de aceite de salvado de arroz

- 1 pimiento verde

- 2 panes de pita

- 1 paquete de mezcla de falafel, comprado en la tienda

- 1 cebolla roja, cortada en trozos

- 4 rábanos, cortados finamente en tiras

- 1 taza de hojas de perejil

Para el aderezo

- ½ taza de hummus

- 1 cucharada de aceite de oliva

- 2 cucharadas de jugo de limón

Direcciones:

1. Cocer el pan en aceite de salvado de arroz en una sartén. Revuelva continuamente para evitar que se pegue. Retire cuando el pan obtenga un toque de dorado.

2. Asegúrese de vertir solo unas gotas de aceite para que el pan no se queme en la sartén.

3. Use una espátula o una cuchara de madera, transfiera el pan a una bandeja para hornear y deje enfriar por un minuto.

4. Con la misma bandeja, prepare la mezcla de falafel siguiendo las instrucciones de la mezcla de falafel comprada en la tienda; agregando 1

¼ de taza con agua, 1 ¾ de taza de la mezcla y aceite de canola.

5. Haga esto en un tazón grande y mezcla bien. Déjelo reposar durante unos 15 minutos y agregue el chile en polvo, la pimienta y la sal al gusto.

6. Agregue el aceite de oliva y cocine las empanadas hasta que se doren.

7. Después de cocinar, cubrir las empanadas en una bandeja para hornear y reservar.

8. Prepare el aderezo combinando el hummus, el jugo de limón y el aceite de oliva en un recipiente.

9. Después de mezclar los Ingredientes:del aderezo, colóquelos en una botella pequeña donde pueda cerrar la tapa y agitar.

10. Para servir el Falafel, Hummus libanés Fattoush en ensalada, coloque el pimiento, pepino, tomate, pan, rábano, menta, falafel y perejil en un plato grande.

11. Arregle los Ingredientes:de la ensalada dejando por debajo las verduras para que queden cubiertas por la salsa.

12. Coloque el aderezo de hummus en un plato pequeño para la salsa de pan de pita. Servir.

Ensalada De Mango Y Arugula Con Aderezo De Comino

Ingredientes:

- 1/ 4 de cucharadita de chile en polvo

- 3/4 de cucharadita de comino molido

- 3 cucharadas de miel

- 1 cucharadita de sal

- 1/3 taza de aceite de oliva

- 5 mangos, picados

- 1 paquete de arugula bebé

- 1/4 de taza de cilantro fresco

- 3 cebollas verdes

- Mozzarella de 3/4 libras

- Cilantro, para decorar

Direcciones:

1. Precaliente el horno a 400 grados F.

2. En un procesador de alimentos, mezcle la cebolla verde, el cilantro, la sal, la miel y el chile en polvo.

3. Presione los Ingredientes:durante unos 15 segundos hasta que se suavice y agregue aceite.

4. En la parrilla de cocción de la parrilla, rocíe aceite vegetal, cepille cada lado con 1/3 de taza del aderezo y cubra los mangos.

5. Ase los duraznos al horno durante unos 5 minutos hasta que veas las marcas de la parrilla.

6. En un plato, coloque una base de hojas de rúcula y coloque rebanadas de queso encima.

7. Agregue las mitades de mango a la parrilla y rocíe el aderezo sobre él.

8. Decorar con hojas de cilantro. Servir.

Fresa, Coco, Chía, Quinoa

Ingredientes:

- 2 dátiles medjool picadas

- 2 cucharadas de trozos de almendra

- 2 cucharadas de copos de coco

- 1 taza de quinoa

- ½ taza de fresas en cuartos + 3 fresas en cubitos

- 5 cucharadas de semillas de chía

- 1 ½ tazas de cáñamo o leche de coco

Direcciones:

1. Durante la noche, cocina la quinoa y la fresa chía mezclando leche de almendras, fresas y 2 dátiles en una batidora y pulsando hasta que quede suave.

2. Vierte la mezcla en un frasco y decora con semillas de chía. Mezcla hasta que las semillas de chía estén recubiertas con el líquido.

3. Cubre y coloca en la nevera durante la noche.

4. Por la mañana, agrega todos los Ingredientes:a un tazón y sírvelo frío.

Ensalada Dulce Y Sabrosa

Ingredientes:

- ¼ taza de carne de pistacho picada

- 1/2 pepino en rodajas

- 1 granada sembrada o 1/3 taza de semillas

- 1 cabeza de lechuga mantequilla

- 1 aguacate rebanado

De aderezo:

- ½ taza de aceite de oliva

- ¼ taza de vinagre de manzana

- 1 diente de ajo picado

Direcciones:

1. Tritura o corta la lechuga en un tazón grande.

2. Añade el resto de los Ingredientes:y mezcla
    con una pinza. Rocía con aderezo para
    ensaladas.

Smoothie Alle Erbe Del

Ingredientes:

- 1 cucchiaio di gherigli di noce

- 1 cucchiaio di sciroppo d'agave

- 1 pizzico di cannella

- 2 tazze di tè alle erbe del Dr. Sebi

- 1 banana

Direcciones:

1. Posizionare il mixer ad alta velocità e aggiungere tutti gli Ingredientes: al suo interno.

2. Coprire il contenitore e poi frullare per 40-60 secondi fino ad ottenere un composto omogeneo.

3. Dividere la bevanda tra due bicchieri e poi servire.

Risotto Ai Funghi

Ingredientes:

- 1 cucchiaio di olio d'uva

- 2 tazze di brodo vegetale fatto in casa

- 1/3 di cucchiaino di sale marino integrale

- ¼ di cucchiaino di pepe di Caienna

- 125 gr di funghi affettati

- ¼ di tazza di cipolla tritata

- 1 tazza di riso selvatico

Direcciones:

1. Accendere il fornello a fuoco medio, poi mettere l'olio d'oliva in padella e scaldare per un po'. Dopo di che, aggiungere le cipolle, i funghi e lasciarli cuocere per 4-5 minuti fino a quando raggiungono la giusta doratura;

2. Dopo che il liquido è evaporato, aggiungere il riso e mescolare fino ad amalgamarlo con gli Ingredientes: precedentemente aggiunti e lasciare cuocere per 1 minuto o più;

3. Dopo 1 minuto, aggiungere il sale e il pepe di cayenna, versare il brodo vegetale, ridurre il livello di calore e lasciare sul fuoco per un po';

4. Lasciare cuocere per circa 35 minuti o più, finché il riso non si ammorbidisce e servire.

Avena Tropical Con Mangos

Ingredientes:

- ¼ taza de avena arrollada

- 1 cucharadita de azúcar de palma, desmenuzado

- 1¼ tazas de agua

- 1 mango maduro, dividido.

Direcciones:

1. Coloque los Ingredientes:en el horno holandés a fuego alto. Remover. Hervir. Baje el calor. Asegure la tapa.

2. Cocine a fuego lento durante 20 minutos, revolviendo ocasionalmente. Apague el fuego inmediatamente.

3. Gusto; Ajustar el sondeo del mar , si es necesario. Sirva porciones iguales de gachas en tazones. Servir.

Sopa De Verduras

Ingredientes:

- 1 calabacín mediano, pelado y picado

- 1 cebolla blanca, picada

- 1 taza de florecillas de brócoli

- 5 tazas de caldo de pollo hecho en casa

- ½ cucharadita de sal marina

- ½ cucharadita de ajo en polvo

- 3 tazas de tomates cortados en cubitos

- 1 zanahoria mediana, pelada y picada

- 2 tallos de apio, picados

- 2 tazas de calabaza en cubos

- Pizca de pimienta negra molida

Direcciones:

1. Combine los tomates, las zanahorias, el apio, la calabaza, el calabacín, la cebolla, el brócoli,

2. ajo en polvo , sal y pimienta en una olla de cocción lenta de 4 cuartos. Mezcle bien.

3. Vierta el caldo de pollo y luego cubra la olla. Ajuste la temperatura a alta y cocine por 4 horas.

4. Revuelva la sopa y sirva inmediatamente.

Tostada Francesa

Ingredientes:

- 1 cucharadita de canela (molida)

- 1 cucharadita de extracto de vainilla

- ¼ de cucharadita de nuez moscada

- 2 huevos

- Media taza de leche

- 1 cucharadita de sal

Direcciones:

1. Batir los huevos, leche, especias, extracto de vainilla y sal todo junto.

2. Después de esto, pon unas gotas de aceite en la sartén. Mantén el fuego bajo.

3. Remojar las rebanadas de pan en la mezcla.

4. Ahora coloca las rebanadas en la sartén. Fríe ambos lados.

5. Asegúrate de que las rebanadas estén doradas.

6. Puedes servirlas con mantequilla o mermelada.

Panqueques De Manzana

Ingredientes:

- 1/3 taza de leche

- 2 manzanas (rojas y ralladas)

- Kiwi (pelado)

- Yogurt congelado (bajo en grasa)

- Arándanos

- ½ taza de harina

- 1 huevo (batido)

- ½ cucharadita de canela (molida)

- Aceite de cocina

Direcciones:

1. Combina la canela con la harina en un recipiente. Luego de esto, agrega huevos y

algo de leche. Bate la mezcla hasta que esté suave.

2. Agrega unas gotas de aceite de cocina en la sartén. Mantén baja la llama.

3. Pon la mezcla de manzanas en la sartén.

4. Esparce la mezcla y cocínala por 2 minutos.

5. Crea dos lotes separados de ellas.

6. Puedes servirlo con kiwi, arándanos y yogurt.

Ensalada De Tomate Y Pesto De Aguacate

Ingredientes:

- 6 aceitunas Kalamata en cubitos

- 125 g de Mozzarella en cubitos

- 2 cucharadas de pesto de albahaca

- 2 tomates cortados en cubitos

- 2 aguacates en rodajas y envueltos para regalo

- 2 cucharadas de aceite de oliva virgen extra

Direcciones:

1. Ponga todos los Ingredientes:juntos en un bol y mezcle bien.
2. ¡Disfrute de su comida!

Sopa Cremosa De Espárragos

Ingredientes:

- 6 vasos de caldo de verduras

- 1 cebolla picada

- 3 cucharadas de mantequilla

- 900 g de espárragos, cortados los extremos

- 3 cucharadas de crema

- Sal

- Pimienta

Direcciones:

1. Derrita la mantequilla en una cacerola a fuego medio.
2. Agrega la cebolla a la olla y sofríe por 2 minutos.

3. Agrega los espárragos, el caldo, la sal y la pimienta.

4. Deje hervir, tape la olla y cocine a fuego lento durante 20 minutos.

5. Retire la sartén del fuego y agregue la crema y sazone con sal y pimienta. Mezclar bien.

6. Usando la licuadora, licua la sopa hasta que quede suave y cremosa.

7. ¡Disfrute de su comida!

Humus De Garbanzo

Ingredientes:

- 1 pizca de comino molido.

- ½ limón, el zumo. De preferencia del limón amarillo.

- 3 cucharaditas de aceite de oliva.

- 1 taza de garbanzos cocidos.

- 1 diente de ajo fresco.

- 1 cucharadita de pasta de ajonjolí.

- Pimienta cayena (opcional, si te gusta el picante).

Direcciones:

1. Licúa todos los Ingredientes:hasta tener una pasta suave, sin grumos. Si es necesario, añade un poco de agua purificada.

2. El humus, una vez hecho, puedes guardarlo en
    el refrigerador y cuando te den ansias de
    comer entre comidas, puedes aprovechar el
    humus y picar un poco, acompañándolo con
    palitos de zanahoria o apio.

Baba Ganoush O Crema De Berenjenas

Ingredientes:

- 2 cucharaditas de pasta de ajonjolí.

- 1 cucharada de aceite de oliva.

- El zumo de ½ medio limón, del amarillo.

- Pimienta negra al gusto.

- Sal al gusto.

- 4 berenjenas.

- 1 cucharadita de comino molido.

- 3 dientes de ajo.

- Pimienta cayena, si te gusta lo picante.

Direcciones:

1. Pones directamente las berenjenas en el fuego, ya sea en la estufa o en un horno de

leña, de preferencia, o en su defecto, en el horno de la estufa.

2. La idea es quitar la piel y ablandar un tanto más el interior de la berenjena, que tome un olor ahumado, pues ese le dará un delicioso sabor al Baba ganoush.

3. Una vez que estén listas las berenjenas, retiras la piel y las semillas, lo mismo que el exceso de agua.

4. La pulpa la colocas en una licuadora o procesador para después agregar todos los ingredientes.

5. Licuas y listo, sirves un plato y al igual que el humus de garbanzo, puedes acompañar con palitos de zanahoria o apio, o si te late más, con totopos horneados.

Ensalada Romini

Ingredientes:

- 2 medicos Calabacín, en rodajas finas

- ¾ taza de rábanos, en rodajas

- 2-3 cebollas verdes, en rodajas

- 1 medicina lechuga de hoja roja

- 1 medicina Lechuga romana

Vendaje

- ¼ taza de aceite de semilla de lino 2 cucharadas. Sal marina

Direcciones:

1. Diente de ajo machacado (al gusto) Una pizca de hojas secas de estragón

Ensalada De Kale Y Remolacha Dorada

Ingredientes:

Ensalada:

- 2 zanahorias medianas

- 1 pimiento amarillo

- 4 cebollas verdes, cortadas al bies

- 1 manojo de col rizada dino , sin tallo y cortada en tiras finas, estilo chiffonade

- 4 remolachas doradas medianas

Vendaje:

- 3 cucharadas tahini

- 1 cucharada Tamari

- 2 cucharaditas Orégano seco

- 1 cucharadita albahaca seca

- 3 dientes de ajo picados

- Un trozo de jengibre de 1 pulgada, pelado y picado

- 2 onzas. aceite de canola

- 2 onzas. vinagre de sidra de manzana

- ½ limón, en jugo

Direcciones:

Ensalada:

1. Agregue chiffonier de col rizada y cebollas verdes a un tazón grande.

2. Ralla las remolachas, las zanahorias y el pimiento a mano o con un procesador de alimentos.

3. Agregue verduras ralladas a la col rizada y las cebollas.

4. Revuelva para mezclar bien.

Vendaje:

5. Combine los siguientes Ingredientes:en un tazón pequeño y mezcle bien.

6. Si tiene una licuadora de emulsión manual, asegúrese de usarla para este aderezo.

7. Lo hará deliciosamente suave y cremoso.

8. Vierta el aderezo sobre los Ingredientes:de la ensalada y mezcle bien. Para obtener el mejor sabor, deje que se enfríe durante al menos una hora antes de servir.

Nueces Con Verduras Con Aderezo De Vinagreta

Ingredientes:

- 8 tazas de mezcla de ensalada de verduras

- Aderezo de vinagreta embotellada

- 1/2 taza de queso gorgonzola

- 1/4 taza de nueces, tostadas

Direcciones:

1. Combine las verduras, las nueces y el queso en un tazón.

2. Vierta el aderezo embotellado y agítelo para combinarlo con los ingredientes. Rociar sobre la ensalada.

3. Mezcle bien para cubrir. Transfiera a la placa.

4. Coloque el queso Gorgonzola desmenuzado en la parte superior.

5. Servir con el aderezo.

Ensalada De Espinacas Y Almendras

Ingredientes:

- 1/4 de cebolla roja

- 1/2 taza de almendras tostadas

- 1 paquete de queso azul

- 2 bolsas de espinacas baby

- Vinagreta de vino tinto, embotellada.

- Pizca de sal

- Pizca de pimienta

Direcciones:

1. En un tazón pequeño, mezcle la cebolla roja, la espinaca pequeña, el queso azul desmenuzado y la almendra tostada.

2. Rocíe el vinagre de vino tinto y mezcle las verduras para cubrirlo completamente.

3.   Decorar con queso azul desmenuzado. Servir.

34

Ensalada De Pollo Con Almendras

Ingredientes:

- 1 taza de mayonesa

- 1 taza de almendras saladas

- 1 cucharadita de sal

- 1 paquete de queso crema

- 2 cucharaditas de curry en polvo

- 6 tazas de pollo, cocinado

Direcciones:

1. Mezclar el queso crema, la sal y el curry en polvo en un recipiente.

2. Batir los Ingredientes:hasta que el queso esté completamente cubierto por el curry, y luego mezclar la piña, los arándanos y el pollo.

3. Transfiera la mezcla a un molde redondo cubierto de plástico y congele durante la noche.

4. Al día siguiente, retire la cubierta de plástico e invierta el molde para pasteles en un plato.

5. Mezcle la cremosa ensalada de pollo y decore con almendras picadas y arándanos.

6. Servir en un plato.

Parfait De Manzana Sin Lácteos

Ingredientes:

- ½ cucharadita de vainilla

- 1/3 taza de avena cruda laminada

- 1 cucharada de semillas de cáñamo

- ½ taza de leche de almendra o coco

- ½ taza de anacardos empapados (remojo 30 minutos 1 hora)

- 1 taza de manzana en cubitos

Direcciones:

1. Mezcla la leche, los anacardos y la vainilla en una batidora y pulir hasta que quede suave.

2. Apila todos los Ingredientes:en una taza pequeña:

3. Bate una cucharada grande de crema de anacardo.

4. Añade el puñado de manzanas, adorna con semillas de cáñamo y avena ¡y a disfrutar!

Sabroso Wrap De Aguacate

Ingredientes:

- 1 cucharadita de albahaca picada

- 1 cucharadita de cilantro picado

- 1 tomate en rodajas

- ¼ de cebolla picada

- 1 lechuga mantecosa

- ½ aguacate

- Puñado de espinacas

- Sal marina y pimienta

Direcciones:

1. Extiende el aguacate sobre una hoja grande de lechuga y decora con albahaca, cebolla,

cilantro, tomate, espinaca y agregue sal y pimienta.

2. ¡Enróllala como los tacos y disfruta!

Tè Depurativo Per Il Fegato

Ingredientes:

- 1 cucchiaino di polvere di Prodigiosa

- 1 tazza di acqua di sorgente

- 1 cucchiaino di polvere di radice di dente di leone

Direcciones:

1. Mettere il dente di leone e la polvere di Prodigiosa in un bollitore, far bollire per 10 minuti.

2. Togliere e lasciare per altri 10 minuti. Servire

Spaghetti Di Zucchine Al Pesto

Ingredientes:

- ¼ di cucchiaino di sale

- 1/8 di cucchiaino di pepe di Caienna

- 2 cucchiaini di olio di semi d'uva

- 2 cucchiai di olio d'oliva

- 1 cucchiaio di cocco grattuggiato

- 2 zucchine

- 1 avocado, sbucciato e denocciolato

- ½ tazza di pomodori ciliegini

- 2 cucchiai di noci

- ½ succo di lime spremuto

Direcciones:

1. Preparare le tagliatelle di zucchine tagliandole a strisce sottili utilizzando un pelaverdure o uno spiralizzatore.

2. Poi prendere una padella media, aggiungere l'olio e quando è caldo, aggiungervi le tagliatelle di zucchine e poi cuocere per 3 a 5 minuti fino a quando diventino leggermente tenere ma ancora croccanti.

3. Nel frattempo, mettete i restanti Ingredientes: in un robot da cucina e poi frullare fino ad ottenere una consistenza cremosa.

4. Quando le tagliatelle di zucchine sono saltate, scolarle e metterle in una grande ciotola e aggiungere la salsa ottenuta.

5. Aggiungere 2 cucchiai d'acqua e poi mescolare fino a quando sono ben amalgamati.

6. Guarnire gli zodles con cocco grattugiato.

Mezcla De Espinacas, Calabacines Y Berenjenas

Ingredientes:

- 4 tomates, sin semillas

- 3 hojas frescas de albahaca, en rodajas finas

- 1 cucharada. mantequilla

- Pizca de sal

- Pizca de pimienta molida

- 2 C Ourgettes, en rodajas finas

- ½ taza de espinaca fresca

- 1 berenjena, cortada en rodajas

- ½ pimiento rojo asado, picado

- 2 cucharadas. aceite de oliva virgen extra

- 1 ramita de tomillo fresco

Direcciones:

1. Precaliente el horno a 190 grados F. Selle los anillos del muffin con una película transparente.

2. Mientras tanto, caliente el aceite de oliva en la sartén.

3. Freír la berenjena durante 4 minutos o hasta que esté dorada por todos lados. Coloque la berenjena cocida en una bandeja para hornear.

4. Cocine en el interior del horno durante 10 minutos. Transferir a un plato forrado con papel de cocina. Dejar de lado.

5. En la misma sartén cocer los calabacines durante 2 minutos. Escurrir utilizando un papel de cocina.

6. Condimentar con sal y pimienta. Espolvorear las hojas de tomillo.

7. Usando una sartén de base pesada, ponga aceite, tomates y albahaca. Cocinar durante 5 minutos.

8. Añadir la mantequilla, el ajo y las espinacas. Cocine hasta que toda el agua se evapore.

9. Agregue la nuez moscada. Condimentar con sal y pimienta.

10. Cubra la base de los anillos de muffin con hojas de espinaca. Ponga los calabacines alrededor de los bordes.

11. Poner la mezcla de tomate entre los anillos. Coloque las berenjenas en la parte superior.

12. Selle la parte superior con la película. Chill durante la noche. Retire de los aros y sirva.

Rebanadas De Mango De Canela

Ingredientes:

- 1 cucharada de jarabe de arce

- ½ cucharadita de canela en polvo

- 5 mangos, pelados

Direcciones:

1. Precaliente el horno a 250 ° F. Pre pare una fuente de horno redonda.

2. Corte los mangos en rodajas finas y colóquelas en el plato, superpuestos unos a otros. Vierta el jarabe de arce onmango rebanadas.

3. Espolvorear canela en polvo en la parte superior. Hornear en el horno durante 10 minutos.

4. Servir en platos pequeños.

Ensalada De Brotes Mixta

Ingredientes:

- 50g de brotes

- 1 puñado de perejil

- 1 cucharada de aceite de coco

- Jugo de limón (fresco)

- 1 pepino

- Pimienta negra

- 1 cebolleta

- Sal marina celta

Direcciones:

1. Pica el perejil en un bol y crea un aderezo de sal, jugo de limón, pimienta y hierbas.

2. Luego, corta el pepino y la cebolleta.

    Inclúyelos en el aderezo también.

3. Lava los brotes y agrégalos también en el

    aderezo.

4. Sirve el plato fresco.

Puré De Garbanzos

Ingredientes:

- 1 montón de col rizada

- 2 cucharada de aceite de coco

- Sal marina celta al gusto

- 1 chalote

- 3 cucharadas de pasta de ajo

- 400g de garbanzos

Direcciones:

1. Pica el chalote en un bol y luego fríelo. Luego, agrega algo de pasta ajo en el aceite.

2. Espera que se doren. Ahora agrega algo de ajo, cebolla y col rizada.

3. Agrega los garbanzos. Cocina por alrededor de 6 minutos.

4. Ahora agrega el resto de los Ingredientes:y

mezcla bien.

5. El plato está listo.

Brócoli Al Horno

Ingredientes:

- 1/2 taza de queso suizo en trozos pequeños

- 1/2 taza de mozzarella rallada

- 1/2 taza de crema

- 1 diente de ajo picado

- 1 cucharada de mantequilla

- 2 tapas de brócoli por un suplemento

- 1/4 taza de queso parmesano rallado

- Pimienta

- Sal

Direcciones:

1. Precalienta el horno a 190 ° C.

2. Derrita la mantequilla en una sartén a fuego medio-alto.

3. Agregue los floretes de brócoli a la sartén y sazone con sal y pimienta.

4. Cocine los floretes de brócoli durante unos 5 minutos.

5. Agrega el ajo y mezcla por 1 minuto.

6. Ahora agregue la crema, el parmesano, el queso suizo y la mozzarella. Mezclar bien.

7. Coloca la sartén en el horno precalentado y cocina el brócoli durante 10 minutos.

8. ¡Disfrute de su comida!

Caprese Con Salsa De Albahaca

Ingredientes:

Condimentos

- 2 cucharadas de jugo de limón

- 1 cucharada de ajo en polvo

- 1 cucharadita de albahaca

- 1 cucharadita de sal

- 2 cucharadas de aceite de oliva

Aderezo de tomate:

- 2 cucharadas de vinagre balsámico

- 1 cucharada de aceite de oliva

- 8 tomates

- 1 cucharada de albahaca

- 16 rodajas finas de Mozzarella

- Media cucharadita de pimienta negra

Direcciones:

1. Precalentar el horno a 170 ° C.

2. Corta los tomates cherry por la mitad y colócalos en la bandeja de horno.

3. Engrasa cada mitad del tomate con una mezcla de vinagre balsámico, aceite de oliva, jugo de limón, ajo en polvo, albahaca picada, sal y pimienta negra.

4. Hornearlos en el horno durante 25 minutos.

5. Coloque una de las rodajas finas de mozzarella en cada mitad del tomate y cocine por otros 5 minutos. Coloca albahaca picada en cada tomate para adornarlo.

6. Disfrutar ¡tu comida!

Chips De Coco Deshidratado

Ingredientes:

- Coco en tiras.

- El zumo de ½ limón.

- Chile seco, al gusto.

Direcciones:

1. Con un pelador de papas, sí, de papas, cortas en tiras delgadas el coco, las colocas en recipiente y las metes al horno a 180° centígrados por alrededor de 5 u 8 minutos, dependiendo de qué tan grueso quedó la ralladura de coco.

2. Si no te gusta el picante o lo ácido del limón, las puedes dejar así, o si lo prefieres, agrega el chile y el limón.

3. Otra opción de chips es con kale, cuyo proceso es el mismo. Incluso al kale puedes

añadir un poco de aceite de oliva y hierbas

aromáticas, además del chile en polvo y el

limón.

Bastones De Verdura Con Salsa De Aguacate

Ingredientes:

- Aguacate.

- Tomate.

- El zumo de ½ limón.

- Pimienta negra.

- Aceite de oliva.

- Pepino.

- Zanahoria.

- Apio.

- Sal baja en sodio.

Direcciones:

1. Preparas un tradicional guacamole, picando el aguacate y añadiéndole el tomate y el zumo

de limón, además de la pimienta y la sal.
Mezclas todo muy bien, agregando por último
el aceite de olivo.

2. El pepino, la zanahoria y el apio los cortas en
    juliana, es decir en tiras a modo de cuenco, y
    listo, a disfrutar de este rico aperitivo para
    amortiguar el hambre.

Licuado Purificador De Pepino Y Tomate

Ingredientes:

- El zumo de ½ limón.

- Una o dos hojas de menta.

- 1 pepino.

- 1 tomate.

Direcciones:

1. Licúas muy bien el pepino y el tomate juntos. Si no te gustan, retiras las semillas de ambos antes de licuar. En el proceso de licuado, añades el limón y la menta.

2. ¿Verdad que son muy fáciles de preparar estas recetas? Y sobre todo con Ingredientes:que por lo común los tenemos en nuestro hogar.

3. Sin embargo, ante todo debes considerar que estas recetas no sustituyen tu alimentación,

son sólo para "amortiguar" el hambre o bien
para acompañar tu comida, la cual, como
hemos señalado, debe estar un poco más
variada, sobre todo si piensas comenzar o
continuar con tu dieta alcalina.

Ensalada De Verduras Y Patatas Con Aderezo De Vinagreta

Ingredientes:

- ½ taza de queso azul

- 12 cebollas verdes pequeñas

- Pizca de sal

- Pizca de pimienta

- 1 aderezo de aceite de oliva y vinagre

- 6 tazas de mezcla de ensalada de verduras

- 3 libras de papas

- 2 aguacates

- 6 rebanadas de tocino

- 2 tazas de queso cheddar

Direcciones:

1. En una olla de fondo profundo, agregue sal al agua hirviendo. Coloque las papas y cocine por 30 minutos.

2. Una vez que las papas estén lo suficientemente tiernas, retire la piel, cúbralas con sal antes de cortarlas en cubos.

3. Vierta 1 taza de aderezo de aceite de oliva y vinagre sobre las papas y deje enfriar por 2 horas.

4. Después de 2 horas, prepare un plato y agregue las papas, las cebollas verdes, las verduras mixtas, el tocino cocido, el queso azul desmenuzado y las rodajas de aguacate. Adorne con pimienta, queso cheddar, tocino y queso azul. Servir.

Pasta Con Forma De Concha En Ensalada De Piñones

Ingredientes:

- 1/3 taza de vinagre

- 1 cucharadita de pimienta

- 1 taza de albahaca fresca

- 1 cucharada de azúcar

- 3/4 taza de aceite de oliva

- 1/2 cucharadita de sal

- 1 paquete de pasta con forma de Concha

- 1 diente de ajo

- 1 paquete de queso parmesano

- 1 cucharadita de mostaza

- 1/2 taza de piñones

Direcciones:

1. En una olla mediana, agregue agua y sal para cocinar las pasta con forma de concha durante unos 5 minutos hasta que estén "al dente".

2. Para preparar el aderezo, mezcle la sal, el vinagre, el azúcar, el aceite y la pimienta en un tazón mediano.

3. Una vez que la pasta esté cocida, agregue el aderezo de vinagreta y agregue la albahaca, los piñones y el queso.

4. En un plato, agregue las verduras mixtas y los tomates amarillos.

5. Mezcle todos los Ingredientes:y cúbralos con queso parmesano rallado.

6. Servir con vinagreta.

Sopa De Ajo

Ingredientes:

- 5 hebras de azafrán

- 1 cucharada de paprika

- ¼ cucharadita de comino molido

- 2 huevos grandes

- 3 cucharadas de aceite de oliva extra virgen

- 5 dientes de ajo grandes, pelados

- 2 tazas de caldo de pollo

- 5 tazas de agua

Direcciones:

1. Calentar el aceite en una cacerola a fuego medio. Añadir el ajo y saltear hasta que esté dorado. Retirar y reservar.

2. Vierta el caldo y el agua y agregue el ajo dorado, el azafrán, el pimentón y el comino. Dejar hervir.

3. Retirar el ajo y machacar con un tenedor. Sirva el puré de ajo en la sopa. Poner sal y pimienta al gusto.

4. Hervir la sopa a fuego lento y junto a los huevos batidos. Revuelva constantemente permitiendo que los huevos formen hebras.

5. Colocar en un tazón de sopa. Servir.

Batido De Mantequilla De Almendras Con Bayas

Ingredientes:

- 1 plátano (pelado y congelado)

- 4 cucharadas de mantequilla de almendras
  crudas

- 1 cucharada de chía

- 2 tazas de leche de almendras

- 2 tazas de espinacas frescas

- 1 taza de bayas o fresas congeladas mezcladas

Direcciones:

1. Mezcla primero la leche de almendras y las
   espinacas.

2. Agrega el resto de los Ingredientes:menos la
   chía y mezcla de nuevo.

3. Agrega la chía una vez que la mezcla esté suave, luego presiona a una velocidad baja para mezclar.

4. Finalmente, cubre la mezcla completamente con semillas de chía para expandir. ¡Disfruta!

Pasta Kale Pesto

Ingredientes:

- ¼ taza de aceite de oliva virgen extra

- Sal marina y pimienta

- Jugo de 2 limas

- 1 calabacín cortado en espiral (fideos de calabacín)

- 2 tazas de albahaca fresca

- 1 puñado de col rizada

- 1/2 taza de nueces

- Opcional: cubre con espárragos picados, hojas de tomate y espinacas.

Direcciones:

1. Durante la noche, remoja las nueces para ablandarlas.

2. Agrega todos los Ingredientes:en una licuadora y pulsa hasta que la consistencia se vuelva cremosa. ¡Añade la mezcla a los fideos de calabacín y sirve!

Manzana, Almendras, Mantequilla Y Avena

Ingredientes:

- 1 cucharadita de canela

- 1/3 taza de mantequilla de almendra cruda

- 1 ½ tazas de leche de coco

- 2 tazas de avena enrollada

- 1 taza de manzana verde finamente picada o rallada

Direcciones:

1. Agrega la avena, la mantequilla de almendras y la leche de coco en un tazón y mezcla bien.
2. Mezcla los trozos de manzana rallados: cubre el recipiente con una envoltura de plástico o una tapa y colócalo en el refrigerador.
3. Refrigera durante la noche. Remata con canela en polvo y servir.

Muffins Alla Pesca E Noci

Ingredientes:

- 6 cucchiai di latte di noci, fatto in casa

- 1 pizzico di sale

- 1 cucchiaio di zucchero di datteri

- 1 cucchiaio di acqua di sorgente, riscaldata

- 1 cucchiaino di succo di lime

- 1 tazza di farina di farro

- 1 pesca, tritata

- 1 cucchiaio di banana in purè

- 2/3 cucchiai di noci tritate

Direcciones:

1. Accendere il forno, impostarlo a 180 gradi e lasciarlo preriscaldare.

2. Nel frattempo, sbucciare la pesca, rimuovere il nocciolo e poi tagliarla in piccoli pezzi.

3. Prendere una ciotola media, versare il latte e poi frullare la banana schiacciata e il succo di lime fino a quando non è ben amalgamato.

4. A parte prendere una ciotola media, mettervi la farina, aggiungere il sale e lo zucchero di dattero, mescolare fino ad amalgamare, sbattere fino ad ottenere un composto liscio, e poi piegare nella pesca fino ad amalgamare.

5. Prendere quattro tazze da muffin in silicone, ungerle con olio, riempirle uniformemente con la pastella preparata e poi cospargere di noci in cima.

6. Cuocere i muffin per 10-15 minuti fino a quando la parte superiore è ben dorata e lo stuzzicadenti inserito in ogni muffin esce pulito.

7. Al termine, lasciare raffreddare i muffin per 10 minuti.

Quinoa E Pomodorini

Ingredientes:

- 1/3 di tazza di foglie di basilico

- 1 cucchiaio di olio d'uva

- 1 pizzico di sale

- 1 pizzico di pepe di Cayenna

- 1 tazza di quinoa, cotta

- ½ tazza di pomodori ciliegini, tagliati a pezzettini

- ½ peperone verde, tritato

Direcciones:

1. Prendere una padella, porla a fuoco medio-alto, aggiungere l'olio e quando è caldo, unire i pomodorini e il peperone e cuocere per 2 o 3 minuti.

2. Prendere una ciotola media, mettere la quinoa cotta, aggiungere i pomodori e i peperoni, e aggiungere le foglie di basilico.

3. Condire con sale e pepe di Cayenna, mescolare fino ad amalgamare il tutto.

Bak Ed Setas Con Cebollino

Ingredientes:

- 2 cebollas, finamente picadas

- 1 cucharadita estragón fresco, picado

- 2 cucharadas. crème fraiche

- Pizca de sal

- Pizca de pimienta

- 2 tazas de setas silvestres, finamente picadas

- 3 cucharadas. mantequilla

- 5 huevos

- 1 diente de ajo, finamente picado

- 2 cucharadas. Cebolleta fresca , reserva un poco para decorar.

Direcciones:

1. Precaliente el horno a 375 grados F.

2. Mientras tanto, calentar la mantequilla en una sartén. Cocer las cebollas y el ajo por 3. Minutos o hasta que esté dorado y ablandado.

3. Añadir en setas. Revuelva frecuentemente hasta que los champiñones pierdan su humedad y el color comience a tornarse marrón.

4. Punta en estragón y zumo de limón. Ponga media cucharada de la Crème fraiche y cebollino. Condimentar con sal y pimienta.

5. Distribuir la mezcla de hongos en moldes. Espolvorear las cebolletas.

6. Romper un huevo en cada cazuela. Pla ce dentro del horno y hornear durante 15 Minutos o hasta que los huevos estén listos.

7. Decorar con cebollino. Servir.

Brócoli Asado Con Piñones

Ingredientes:

- 1/4 taza de aceite de oliva virgen extra

- 1 cucharadita chalotes, picados

- Pizca de sal

- 1 brócoli cabeza, cortado en flósculos

- 1 1/2 cucharadas. piñones

- Hojas de albahaca, en rodajas finas

- Pizca de pimienta negra

Direcciones:

1. Precaliente el horno a 400 grados F.

2. Untar el brócoli en una bandeja para hornear.

3. Rocíe el brócoli con 2 cucharadas de aceite de oliva. Mezcle bien para cubrir cada pieza.

4. Asar por 30 minutos en la oveja hasta que estén tiernos y dorados. Tirar a mitad de camino.

5. Coloque una sartén a fuego medio y tostar las nueces durante 4 minutos hasta que estén doradas.

6. Combine los chalotes, el jugo y 2 cucharadas de aceite en un tazón pequeño. Sazone con pimienta recién molida y sal.

7. Sacar la bandeja para hornear y transferir el brócoli en un tazón para servir.

8. Rociar con el aderezo. Cubra con albahaca y nueces. Mezcle bien para cubrir.

Verduras De Coco Picantes

Ingredientes:

- 1 lata de leche de coco

- 1 diente de ajo machacado

- 1 chile rojo fresco, picado

- 2 cebolletas, cortadas en rodajas

- 1 cucharada. cilantro fresco, picado

- 2 zanahorias, cortadas diagonalmente

- 4 tallos de apio, cortados en diagonal

- 2 cucharadas. aceite de oliva

- 1 raíz de jengibre fresco, rallado

- Pizca de sal

- Pizca de pimienta

Direcciones:

1. Calentar un wok y verter aceite de oliva. Saltear el ajo y el jengibre durante 2 minutos o hasta que el ajo tenga un color dorado pálido.

2. Agregue zanahorias, hinojos, chile, cebolletas
    y apio. Saltear durante 2 minutos.

3. Vierta la leche de coco. Llevar la mezcla a
    ebullición. Continúe revolviendo hasta que las
    verduras estén tiernas y la leche de coco se
    reduzca.

4. Condimentar con sal y pimienta. Mezcle en el
    cilantro. Servir.

Ensalada De Aguacate Para El Desayuno

Ingredientes:

- 2 tortillas

- ½ cebolla roja

- ½ limón

- 1 cucharada de salsa de chile

- 4 puñados de espinacas

- 2 tomates

- 1 aguacate

- ½ paquete de tofu (firme)

- 1 pomelo (rosado)

- 1 puñado de almendras

Direcciones:

1. Calienta las tortillas en el horno.

2. Luego de que las tengas calientes, hornéalas por 8 – 10 minutos.

3. Corta el tofu, los tomates y la cebolla y déjalos a un lado. Mézclalos en la salsa de chile.

4. Colócala en el refrigerador por un tiempo y permítele que se enfríe.

5. Luego pica el aguacate, el pomelo y las almendras.

6. Mezcla todo junto. Colócalos en el tazón cuidadosamente.

7. ¡Ahora exprime jugo de lima fresco por encima!

Desayuno De Quínoa Y Manzana

Ingredientes:

- ½ taza de quínoa

- ½ limón

- 1 manzana (grande)

- Canela

Direcciones:

1. Ve los pasos dados en el paquete de quínoa. Cocínala según estos pasos. Luego, agrégale agua.
2. Hierve agua y cocina a fuego lento durante al menos 15 minutos.
3. Ahora toma una manzana y rállala. Agrégala a mezcla y cocina durante 30 segundos más.
4. Coloca la mezcla en un tazón y espolvorea algo de canela por encima.
5. Sírvelo.
6. También puede agregar pasas y almendras si gustas.

Avena Fría

Ingredientes:

- ½ taza de yogurt

- ½ cucharadita de canela

- ½ cucharada de mantequilla de maní

- ½ banana (en rebanadas)

- ½ taza de bayas

- ½ taza de leche descremada

- ½ taza de avena

- Sal (al gusto)

Direcciones:

1. Mezcla leche, sal, avena y yogurt en un tazón. Luego agrega la mezcla en un frasco de vidrio.

2. Sella el frasco y deja que permanezca dentro del refrigerador durante la noche.

3. Agrega rebanadas de banana y bayas junto con la canela mientras lo sacas para el desayuno en la mañana.

Cazuela De Coliflor Con Vodka

Ingredientes:

- 2 cucharadas de mantequilla derretida

- 1/3 taza de queso parmesano rallado

- 1 cucharadita de sal

- 1/2 cucharadita de pimienta negra

- 6 lonchas de queso feta

- 8 tazas de Coliflor Clima

- Media taza de vodka

- 2 cucharadas de queso crema

- 1/4 taza de albahaca fresca

Direcciones:

1. Mezclar todos los Ingredientes:(excepto albahaca y queso feta)

2. Transfiera la mezcla a una bandeja para hornear y coloque las rodajas de queso feta encima.

3. Hornee durante 30 minutos en un horno precalentado a 190 ° C

4. Sácalo del horno y déjalo reposar durante 10 minutos.

5. Sirve adornado con albahaca.

6. ¡Disfrute de su comida!

Rosquillas De Coco

Ingredientes:

- 1/3 taza de leche de almendras sin azúcar

- 1 cucharada de stevia líquida

- 3 cucharadas de cacao en polvo sin azúcar

- 1/4 taza de aceite de coco

- 1/3 taza de harina de coco

- 4 huevos

- 1/2 cucharadita de bicarbonato de sodio

- 1/2 cucharadita de levadura en polvo

- 1/2 cucharadita de café

Direcciones:

1. Precalienta el horno a 180 ° C.

2. Engrase una sartén con aceite y déjela a un lado.

3. Agregue todos los Ingredientes:a un tazón grande y mezcle hasta que se mezclen uniformemente.

4. Vierta la mezcla en el molde previamente preparado y hornee por 20 minutos.

5. Decora con hojuelas de coco (opcional)

6. ¡Disfrute de su comida!

Ensalada De Tallarines Asiáticos Picantes

Ingredientes:

- 1 tallo de apio, picado

- ½ taza de brotes de frijol mungo

- ½ taza de pimiento rojo picado

- ½ taza de almendras crudas, picadas

- ½ paquete de fideos finos de soba de trigo sarraceno

- ½ taza de cebolla verde

- 10 piezas de tofu (opcional)

Vendaje

- 4 cucharadas de aceite de sésamo

- 2 cucharadas de Aminos Bragg®

- ¼ de cucharada de aceite de chile picante

Direcciones:

1. Cocine los fideos, escurra y enjuague con agua fría.

2. Mezcle el aceite de sésamo, Bragg® Aminos y el aceite de chile picante.

3. Agregue el aderezo a los fideos y mezcle bien.

4. Cubra y enfríe durante varias horas o toda la noche.

5. Justo antes de servir, agregue las verduras y cubra con las almendras.

Ensalada De Col

Ingredientes:

- 1 pimiento naranja, en rodajas

- 4 cucharadas cebolletas, picadas

- 4 cucharadas perejil picado

- ¼ taza de jugo de limón 3 cucharadas. Agua

- 1 cucharada Aceite (Oliva Extra Virgen, Semilla de Lino o Udo's Choice)

- 1-2 cucharaditas chile rojo seco

- 2 tazas de repollo rojo, en rodajas finas

- 2 tazas de repollo verde, en rodajas finas

- 1 zanahoria, rallada

- 1 pimiento rojo, en rodajas

- 1 pimiento amarillo, en rodajas

- 1 pimiento verde, en rodajas

Direcciones:

1. Combine todos los ingredientes, mezcle bien, cubra y refrigere al menos media hora antes de servir.

Ensalada Griega Tradicional

Ingredientes:

- 5 cebollines, cortados en cubitos

- ½ pimiento verde, cortado en cubitos

- 1 taza de queso feta de soya

- ½ cabeza de lechuga romana

- 1 pepino, cortado en cubitos

- 2 tomates, cortados en cubitos

Vendaje

- ¼ de cucharadita de sal marina

- ½ cucharadita de orégano

- 1/3 taza de aceite de oliva

- 2 cucharadas de jugo de lima o limón

- 1 diente de ajo, finamente picado

- 1/8 cucharadita de pimienta

Direcciones:

1. Lavar y cortar las verduras.

2. Corte la lechuga y colóquela en una ensaladera grande.

3. Agregue pepinos, tomates, cebolletas, pimientos verdes y queso feta.

4. Mezcle los Ingredientes:del aderezo y agregue lentamente el aceite de oliva. Espolvorea el aderezo sobre la ensalada.

Sopa De Granos Del Paraíso

Ingredientes:

- ½ cucharadita de granos recién molidos del paraíso

- ½ cucharadita de cilantro recién molido

- 2 cucharaditas de sal

- 2 cucharadas de aceite de oliva

- ½ cucharadita de comino tostado recién molido

- 1 libra de lentejas, recogidas y enjuagadas

- 1 taza de cebolla picada

- 8 tazas de caldo de pollo

- ½ taza de apio, picado

- ½ taza de zanahoria, picada finamente

Direcciones:

1. Verter el aceite de oliva en un horno holandés a fuego medio. Saltear la cebolla, y luego agregar las zanahorias y el apio. Sazonar con sal.

2. Continúe salteando hasta que las cebollas estén flojas.

3. Vierta el caldo de pollo. Agregue los granos del paraíso, las lentejas, el comino y el cilantro.

4. Revuelva la mezcla hasta que todos los Ingredientes:se junten.

5. Llevar la mezcla a ebullición.

6. Una vez que esté hirviendo, que lo haga a fuego lento hasta que las lentejas estén tiernas. Apagar el fuego

7. Dejar enfriar unos minutos antes de hacer un puré en una licuadora. Servir.

Sopa De Patata Cremosa

Ingredientes:

- ¼ taza de crema agria, grasa reducida

- 4 cucharaditas de cebollas verdes, en rodajas finas

- ½ cucharadita de sal

- ¼ cucharadita de pimienta negra molida fresca

- 2 cucharaditas de aceite de oliva

- 4 papas

- ½ taza de cebolla picada

- 2 tazas de leche baja en grasa, dividida

- 1 ¼ tazas de caldo de pollo, bajo en sodio, sin grasa

- 3 cucharadas de harina para todo uso

- ½ taza de queso cheddar, rallado

Direcciones:

1. Coloque las papas dentro del horno de microondas y caliente por 1 minuto, o hasta que estén tiernas. Dejar enfriar antes de cortar por la mitad.

2. Mientras tanto, vierta el aceite de oliva en una sartén. Una vez caliente, saltear la cebolla durante 2 minutos. Vierta el caldo de pollo.

3. En una olla, juntar la harina y la leche.

4. Deje hervir mientras revuelve continuamente. Condimentar con sal y pimienta.

5. Retirar del fuego, y luego agregar la crema agria.

6. Pelar las papas y triturarlas en la sopa. Adorne la sopa con cebolla verde y queso. Servir.

Sopa De Tortilla Con Queso Picante

Ingredientes:

- 1/3 taza de migas de pan

- ½ taza de queso, rallado

- 3 tazas de caldo de pollo

- ¼ taza de queso cheddar, rallado

- 2 tazas de agua

- 1 chile chipotle, picado

- 1 libra de solomillo

- ¾ cucharadita de sal, dividida

- 1 cucharada de aceite de oliva

- Spray para cocinar

- 1 pimiento rojo, picado a lo largo

- 2 chiles jalapeños, cortados a lo largo

- 2 tazas de cebolla picada

- 2 orejas de maíz en la mazorca

- 1 taza de zanahorias, en rodajas

- 6 dientes de ajo, picados

- ½ taza de cilantro fresco, picado

- 4 tortillas de maíz de 6 pulgadas cortadas en tiras

- 2 tazas de papas rojas, en cubos

- 1 huevo grande, batido

Direcciones:

1. **Precaliente el asador.**
2. Mientras tanto, cubra el jalapeño y los pimientos en una bandeja para hornear con la piel hacia arriba.

3. Asar durante 6 minutos hasta que se ennegrezca. Transferir los pimientos en una bolsa. Dejar reposar durante 15 minutos.

4. Picar los jalapeños y picar la pimienta. Cortar el maíz de las mazorcas. Dejar de lado.

5. Ponga las tiras de tortilla en la bandeja para hornear.

6. Cubra con el spray de cocina. A la parrilla durante 3 minutos, dando vuelta una vez. Dejar de lado.

7. En un tazón, combine el solomillo molido, las migas de pan, el chile chipotle, el diente de ajo, el huevo y la sal.

8. Batir hasta que todos los Ingredientes:se junten. Forma en albóndigas.

9. Vierta el aceite en una sartén. Una vez caliente, cocine las albóndigas hasta que se doren por completo. No llene la olla. Transfiera a un plato.

10. Agregue los dientes de ajo, la cebolla, el
    pimiento, las zanahorias y las papas a la
    sartén. Cocinar durante 5 minutos. Vierta 2
    tazas de agua y caldo. Cocine hasta que todas
    las verduras estén tiernas.

11. Vuelve a poner las albóndigas en la
    sartén. Sazonar con sal. Añadir el maíz. Dejar
    cocer a fuego lento durante 5 minutos más.

12. Para servir, servir en tazones. Adorne con
    quesos y cilantrio. Servir con tiras de tortilla.

Ensalada De Aguacate Con Aderezo De Comino

Ingredientes:

- 1 cucharada de aceite de oliva virgen extra

- 1 taza de agua

- 2 limas exprimidas

- Pizca De Pimienta De Cayena

- 1 aguacate

- 1 cucharada de comino en polvo

- ¼ cucharadita de sal marina

Para el aderezo de limón Tahini:

- ¼ taza de tahini (mantequilla de sésamo)

- 1 diente de ajo

- ¾ cucharadita de sal marina

- ½ taza de agua

- ½ limón exprimido

- 1 cucharada de aceite de oliva extra virgen

- Pimienta negra

Para ensalada:

- 1/3 taza de tomates cherry cortados por la mitad

- ½ taza de floretes de brócoli

- ½ calabacín en espiral (fideos)

- 2 cucharadas de semillas de cáñamo

- 3 tazas de col rizada

- ½ taza de fideos de algas escurridos

Direcciones:

1. Cocer al vapor el brócoli y la col rizada durante 4 minutos y reservar.

2. Agregue los fideos de calabacín y algas marinas y mezcle en una porción colmada del aderezo.

3. Añadir los tomates cherry y decorar con semillas de cáñamo.

Smoothie Delicioso Y Energético De Bayas Y Espinaca

Ingredientes:

- 1 cucharada de aceite de coco

- ½ cucharadita de canela

- 2 cucharadas de mantequilla de almendras crudas.

- 2 tazas de espinacas frescas

- 2 tazas de leche de almendras

- 1 taza de bayas congeladas (cualquier variedad)

- 1 plátano congelado

Direcciones:

1. Mezcla la espinaca y la leche de almendras primero, luego agrega los Ingredientes:

restantes y mezcla todos los Ingredientes:en un procesador de alimentos o licuadora hasta que todos los Ingredientes:estén cremosos y suaves.

2. ¡Disfruta!

Burrito De Quinoa

Ingredientes:

- 1 cucharadita de comino

- 4 cebollas verdes rebanadas (cebolletas)

- 2 limas jugosas

- Pequeño puñado de cilantro picado

- 1 taza de quinoa (o arroz salvaje)

- 2 latas de 15 oz de frijoles negros

- 2 aguacates en rodajas

- 4 dientes de ajo picados

Direcciones:

1. Cocinar la quinoa o el arroz. En una olla aparte, cocine los frijoles a fuego lento.

2. Mezcle las cebollas, el ajo, el comino, el jugo de limón y permita que los sabores se establezcan durante 10-15 minutos.

3. Cuando la quinoa esté suave, divida en tazones individuales. Capa con frijoles, aguacate y cilantro.

Tè Depurativo Fegato E Reni

Ingredientes:

- 1 cucchiaino di polvere di radice di bardana

- 1 tazza di acqua di sorgente

- 1 cucchiaino di polvere di radice di dente di leone

Direcciones:

1. Mettere la polvere di dente di leone e di radice di bardana in un bollitore da tè.

2. Far bollire entro 10 minuti, togliere e lasciare per altri 10 minuti. Scolare e servire.

Palline Healthy Ai Datteri

Ingredientes:

- 1/2 tazza di noci crude, anacardi, noci, mandorle, noci pecan, ecc.

- pizzico di sale marino

- 1 tazza di circa 10 datteri Medjool, snocciolati

Direcciones:

1. Aggiungere i datteri, le noci e il sale in un robot da cucina dotato di lama a forma di S.
2. Lavorare fino a quando il composto è ben combinato e si attacca insieme.
3. Formare delle palline: Raccogliete l'impasto dal robot da cucina con le mani (o con una paletta per biscotti) e formate delle palline con le mani.
4. Gustare subito o conservare per dopo.

5. Per conservare: Mettere le palline in un

    contenitore sigillato e conservare in

    frigorifero per 1-2 settimane o nel

    congelatore fino a 3 mesi.

Coco Con Nueces Y Semillas Cuadrados

Ingredientes:

- ½ taza de almendras molidas

- 1/2 taza de semillas de girasol

- 3 cucharadas de miel cruda

- ½ cucharadita de aceite de sésamo

- 1 taza de coco desecado

- ¼ taza de nueces molidas

- 4 cucharadas de mantequilla de almendras

- Pizca de sal de sal

Direcciones:

1. Precaliente el horno a 350 ° F y engrase un molde cuadrado para hornear de 8 x 8 con aceite de sésamo.

2. Juntar semillas de girasol, mantequilla de almendras, coco, miel cruda Almendras, nueces y sal en una licuadora. Procesar hasta que quede suave.

3. Verter en la sartén. Difunde cada noche .

4. Hornee la mezcla en el horno durante 15 minutos. Retire el plato del horno y deje que se enfríe durante 10 minutos. Cortar en cuadrados y refrigerar.

Chia Macadamia Granola

Ingredientes:

- 4 cdas. aceite de coco, derretido

- 3 cucharadas. agua

- 1 cucharadita extracto puro de vainilla

- ¼ cucharadita. sal marina fina

- 4 cdas. semillas de chia enteras

- 1 taza de nueces de macadamia

- 4 cdas. f comida laxseed

- 2 cucharaditas canela

- 4 cucharaditas stevia

- ¼ taza de agua

Direcciones:

1. Ajuste el horno a 350 grados F para precalentar. Alinee una bandeja para hornear con papel de hornear.

2. Mezcle el extracto de vainilla, el agua y las semillas de chía en un tazón grande.

3. Dejar reposar durante 5 minutos, o hasta que la mezcla se vuelva gelatinosa.

4. Vierta las nueces de macadamia en un procesador de alimentos y luego agregue la linaza Harina, proteína en polvo, stevia, sal y canela. Pulso hasta que el La mezcla está bien y las nueces están molidas.

5. Vierta la mezcla de semillas de chia gelatinosa en el procesador de alimentos, luego agregue aproximadamente 1½ cucharadas de agua y aceite de coco. Mezcla hasta que el La mezcla es suave. Dejar de lado.

6. Usando una cucharada, transfiera la mezcla sobre el horneado preparado. hoja. Luego,

transferir al horno y hornear durante 15 minutos.

7. Una vez cocido, retire del horno y rompa en trozos pequeños. Extiéndelo en la sartén.

8. Hornee por 10 minutos adicionales, o hasta que la granola esté seca y marrón dorado.

9. Dejar enfriar completamente. Traslado a un hermético. Almacene y almacene por hasta 1 semana en el refrigerador. Mejor servido con leche tibia.

Berenjenas Al Curry Con Champiñones

Ingredientes:

- ½ cucharadita. Chile en polvo

- 1 cucharadita sal

- 1 cucharadita de comino molido

- 1 cucharadita cilantro molido

- ¼ cucharadita de cúrcuma molida

- Cilantro fresco, para decorar.

- 2 berenjenas

- 1 taza de botones de setas

- 2 dientes de ajo machacados

- 1 manojo de primavera o niones, finamente picado

- 1 lata de tomates, picados

- 2 cucharadas. aceite de oliva

- 1 chile rojo fresco, finamente picado

- ½ cucharadita de semillas de mostaza

Direcciones:

1. Precaliente el horno a 400 grados F.

2. Cepille las berenjenas con aceite de oliva. Pinchar con un tenedor y colocar en una fuente de asar.

3. Hornear las berenjenas durante 30 minutos.

4. Mientras tanto, calentar el aceite en una sartén. Freír las semillas de mostaza. Añadir el ajo, la cebolla, los champiñones y los chiles. Cocinar durante 5 minutos.

5. Sazone con sal, comino, cilantro y cúrcuma. Añadir los tomates. Continúe revolviendo y cocine por otros 5 minutos.

6. Cortar las berenjenas al horno por la mitad y recoger la carne. Lavar la carne.

7. Putmashed carne junto con cilantro fresco en una sartén. Cocinar durante 3 minutos s. Servir.

Tofu Revuelto

Ingredientes:

- Espinaca baby

- ½ cucharadita de comino

- ½ cucharadita de cúrcuma

- ½ cucharadita de paprica

- ½ taza de levadura

- 3 dientes de ajo

- 1 cebolla

- 3 tomates

- Tofu (firme)

- Sal (al gusto)

Direcciones:

1. Pica la cebolla en dados en un bol. Desmenuza los dientes de ajo.

2. Luego, agrega la mitad de las cebollas picadas en dados en una sartén. Déjalas que permanezcan sobre el fuego por 5 minutos.

3. Agrega ajo en la sartén y cocina por otro minuto.

4. Agrega tomates y algo de tofu. Mantén el fuego por 9 minutos.

5. Agrega paprica, algo de agua y comino. Revuelve bien y sigue cocinando.

6. Al final, agrega la espinaca.

7. ¡Sirve el plato!

Theplas

Ingredientes:

- 1 pimiento (picado)

- 1 cucharadita de cúrcuma

- ½ taza de harina de soja

- Semillas de sésamo

- ½ taza de harina de ragi

- 2 dientes de ajo

- Cilantro (picado)

- 1 cebolla (en cubos)

- Sal (al gusto)

- Paneer (queso indio)

Direcciones:

1. Toma una sartén y agrega un poco de aceite. Deja que se caliente por 1 minuto.

2. Agrega la cebolla y el ajo en ella. Revuelve bien hasta que se vuelvan dorados.

3. Luego agrega paneer, cilantro, pimiento y sal. Cocina por 3 minutos. Retira del calor y deja que se enfríe.

4. Déjalo a un lado. Haz una masa con harina de ragi, semillas de sésamo y harina de soja. Cocina la thepla con poco aceite.

5. Pon el relleno que ya está preparado por encima.

6. ¡Sírvelo fresco!

Gachas De Mijo Con Jarabe De Arce

Ingredientes:

- 1 pizca de sal

- ¼ taza de jarabe de arce

- 1 cucharada de canela

- Agua de almendras

- 10 tazas de agua

- 1 taza de mijo

Direcciones:

1. Agrega agua en una olla grande. Déjala hervir por 1 minuto.
2. Luego, agrega un poco de mijo y sal. Ahora, tápalo y baja el fuego.
3. Cocínalo por 15 minutos.
4. Agrega agua de almendras y canela.
5. Continúa cocinando el mijo por otros 20 minutos.
6. Agrega jarabe de arce y revuelve bien.
7. Haz una mezcla suave.
8. ¡Sírvelo caliente!

Chucrut Y Ensalada Con Huevos

Ingredientes:

- 1/2 taza de chucrut

- Sal y pimienta para probar

- 6 huevos duros

- 1/4 taza de mayonesa

Direcciones:

1. Pelar y picar los huevos, ahora ponerlos en un bol.

2. Agrega el resto de los Ingredientes:a los huevos y mezcla bien.

3. ¡Disfrute de su comida!

Fettuccine Con Huevos Y Queso

Ingredientes:

- 1/8 cucharadita de pimienta negra

- 1 pizca de sal

- 1 pizca de ajo en polvo

- 2 huevos

- 400 g de queso crema

Salsa:

- 1 cucharada de queso parmesano rallado

- 30 g de mascarpone

- 1 cucharada de mantequilla

Direcciones:

1. Combine el queso crema, los huevos, la sal, la pimienta y el ajo en polvo en una licuadora y enciéndelo.

2. Transfiera la mezcla a una sartén para mantequilla engrasada y hornee por 8 minutos a 160 ° C.

3. Deje enfriar y retire el contenido con mucho cuidado.

4. Enrolle y corte en fettuccine.

5. Desenrollamos y déjelos a un lado.

6. Mezcle los Ingredientes:de la salsa en un tazón y cocine en el microondas durante 30 segundos.

7. Salsa mixta con fettuccine ¡Disfrute de su comida!

Ensalada De Espinacas Frescas

Ingredientes:

- 6 rábanos, picados

- 2 chalotes, picados (o 1 cebolla roja pequeña)

- 2 pimientos rojos picados

- ½ taza de albahaca picada

- 1 cabeza de espinacas

- 2 tallos de apio, picados

- ½ taza de coliflor cortada en trozos pequeños

- 4 cucharadas Piñones

Direcciones:

1. Combine las espinacas, el apio, la coliflor, los rábanos, los chalotes, los pimientos rojos, la albahaca y los piñones en un tazón grande.

2. Mezcle bien.

3. Cubra con aderezo esencial.

Ensalada De Brócoli

Ingredientes:

- 1 taza de apio picado

- 4 cebolletas picadas

- 1 cabeza de brócoli

- 1 cebolla roja grande, picada

- 1/3 taza de aderezo de aceite de lino o aderezo de perejil

Direcciones:

1. Cortar el brócoli en trozos pequeños. Mezcle los Ingredientes:y enfríe durante una hora.

Ensalada Super Fiesta

Ingredientes:

- ½ cucharadas ajo picado

- 1 cebolla roja pequeña, picada en trozos grandes

- ¼ de cucharadita pimienta

- 1 lata de chiles verdes picados

- ¼ de cucharadita sal marina

- ¼ taza de cilantro fresco, picado

- ¼ de cucharadita comino molido

- 2 tomates, en rodajas

- 3 cucharadas salsa

- 1 pepino, en rodajas y pelado

- 2 cucharadas jugo de limon

- 1 de cada pimiento morrón rojo, verde y amarillo, picado

Direcciones:

1. Combine los Ingredientes:y enfríe durante una hora.

2. Sirve sobre una cama de lechuga o con totopos.

Sopa Con Cebolla Y Queso Suizo

Ingredientes:

- ½ cucharadita de azúcar

- 8 tazas de caldo de res, con poca sal

- ½ cucharadita de sal

- ½ cucharadita de pimienta negra recién molida

- 2 cucharaditas de aceite de oliva

- 8 rebanadas de queso suizo, reducido en grasa, reducido en sodio

- 4 tazas de cebolla roja, en rodajas finas

- 4 tazas de cebolla dulce, en rodajas finas

- ¼ cucharadita de tomillo fresco, picado

- ¼ taza de vino blanco seco

Direcciones:

1. Mientras tanto, vierta el aceite de oliva en un horno holandés. Añadir las cebollas. Saltear hasta que estén tiernos. Sazone con azúcar, sal y pimienta.

2. Cocine por 20 minutos a fuego lento mientras revuelve con frecuencia. Una vez que las cebollas tengan un color marrón dorado, vierta un vino blanco seco, caldo de res y tomillo.Dejar cocer a fuego lento durante 30 minutos.

3. Colocar en un molde para pan de jalea. Poner la sopa en cada tazón. Coloque una rodaja de queso encima.

4. Asar hasta que el queso comience a dorarse. Servir.

Sopa De Calabazas

Ingredientes:

- 2 ½ tazas de caldo de pollo, menos sal

- ¼ cucharadita de sal

- Pizca de pimienta

- 1 cucharada de aceite de oliva

- 4 tazas de calabazas, en cubos

- 4 chalotes, a la mitad

- ½ pulgada de jengibre fresco, pelado, cortado en rodajas finas

- 2 cucharadas de cebolletas frescas, rebanadas

Direcciones:

1. Precaliente el horno a 375 grados.

2. Mientras tanto, junte la calabaza, los chalotes, el jengibre, la sal y el aceite de oliva en una sartén. Mezcle bien para combinar. Hornear durante 50 minutos. Dejar enfriar unos minutos.

3. Coloque la mitad de la mezcla de calabaza y la mitad del caldo en una licuadora. Procesar hasta que quede suave.

4. Vierta la mezcla en la olla. Cocinar durante 5 minutos. Decorar con cebollino y pimiento. Servir.

Sopa De Berenjenas Y Zanahoria

Ingredientes:

- 1 cucharadita de paprika

- ½ cucharadita de comino molido

- Jugo de ½ limón

- Jugo de ½ naranja

- 2 pintas de papel de cualquier tipo.

- 3 zanahorias, picadas

- 1 cucharada de puré de tomate

- Dos latas de tomates, picados

- 2 berenjenas, peladas y picadas.

- 2 cebollas, picadas

- 2 tallos de apio, en rodajas finas

- 2 dientes de ajo, picados

- 3 tomates, picados

- Pizca de chiles secos

- 1 cucharadita de cilantro molido

- Pizca de sal

- Pizca de pimienta

Direcciones:

1. En una cacerola de fondo grueso, combine las berenjenas, la cebolla, el apio, el ajo, los tomates, los chiles, el cilantro, el pimentón, el comino, los jugos y el caldo. Tapar y dejar cocer a fuego lento durante 5 minutos.

2. Agregue las zanahorias y vierta más caldo. Cocinar durante 2 minutos.

3. Agregue el puré y los tomates enlatados. Condimentar con sal y pimienta.

4. Dejar cocer a fuego lento hasta que todas las verduras estén tiernas.

5. Haga un puré con la sopa en una licuadora y devuélvala a la cacerola. Cocinar a fuego lento y servir.